MW01535539

Les jeunes étoiles

Les jeunes étoiles
DU SOCCER

COLLECTION CRABTREE « LES JEUNES PLANTES »

Taylor Farley

CRABTREE
PUBLISHING COMPANY
WWW.CRABTREEBOOKS.COM

Je suis dans une équipe de **soccer**.

J'ai des **protège-tibias** pour protéger mes jambes.

Nous portons nos
protège-tibias sous
nos bas.

Les **crampons** aident à s'agripper au sol et à tourner rapidement.

Nous jouons sur
un terrain de
soccer.

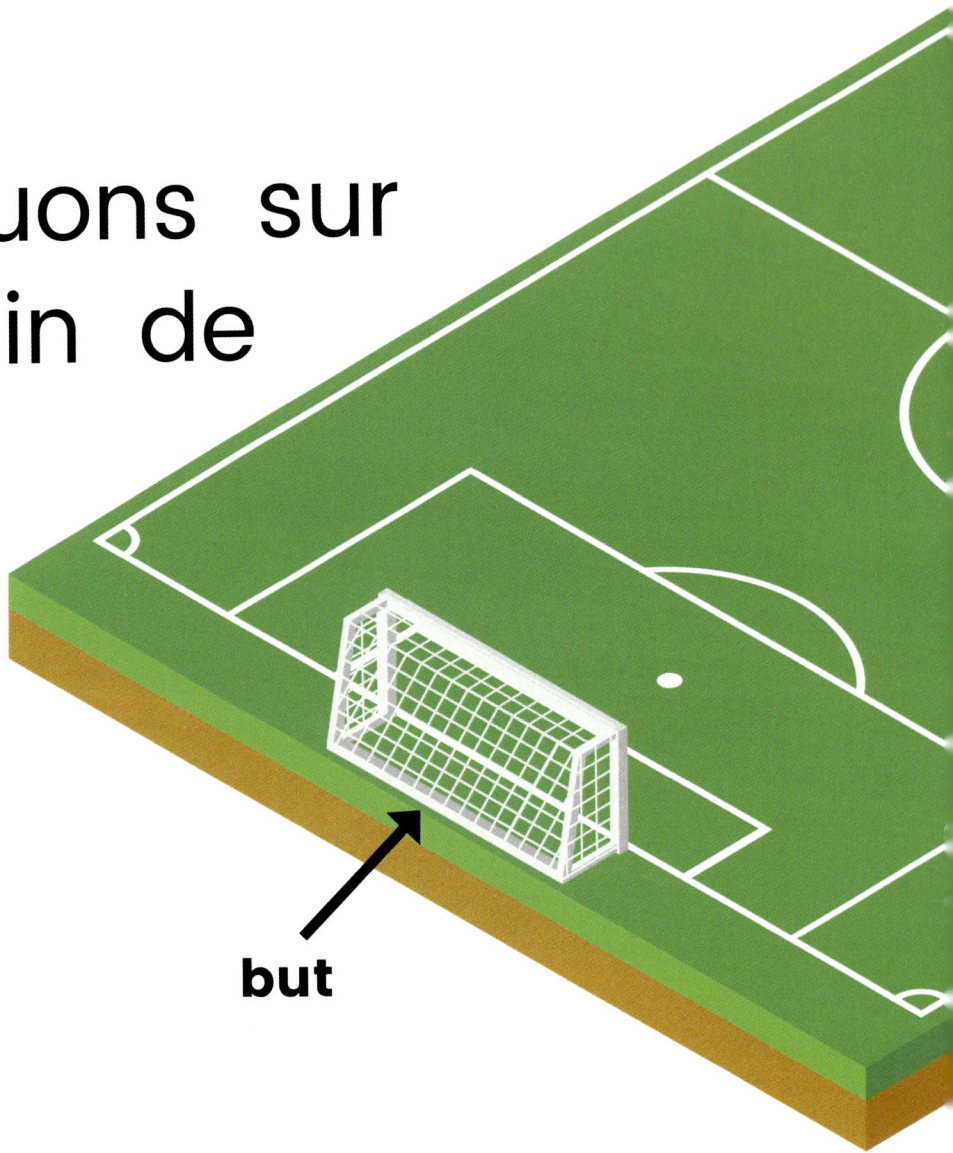

but

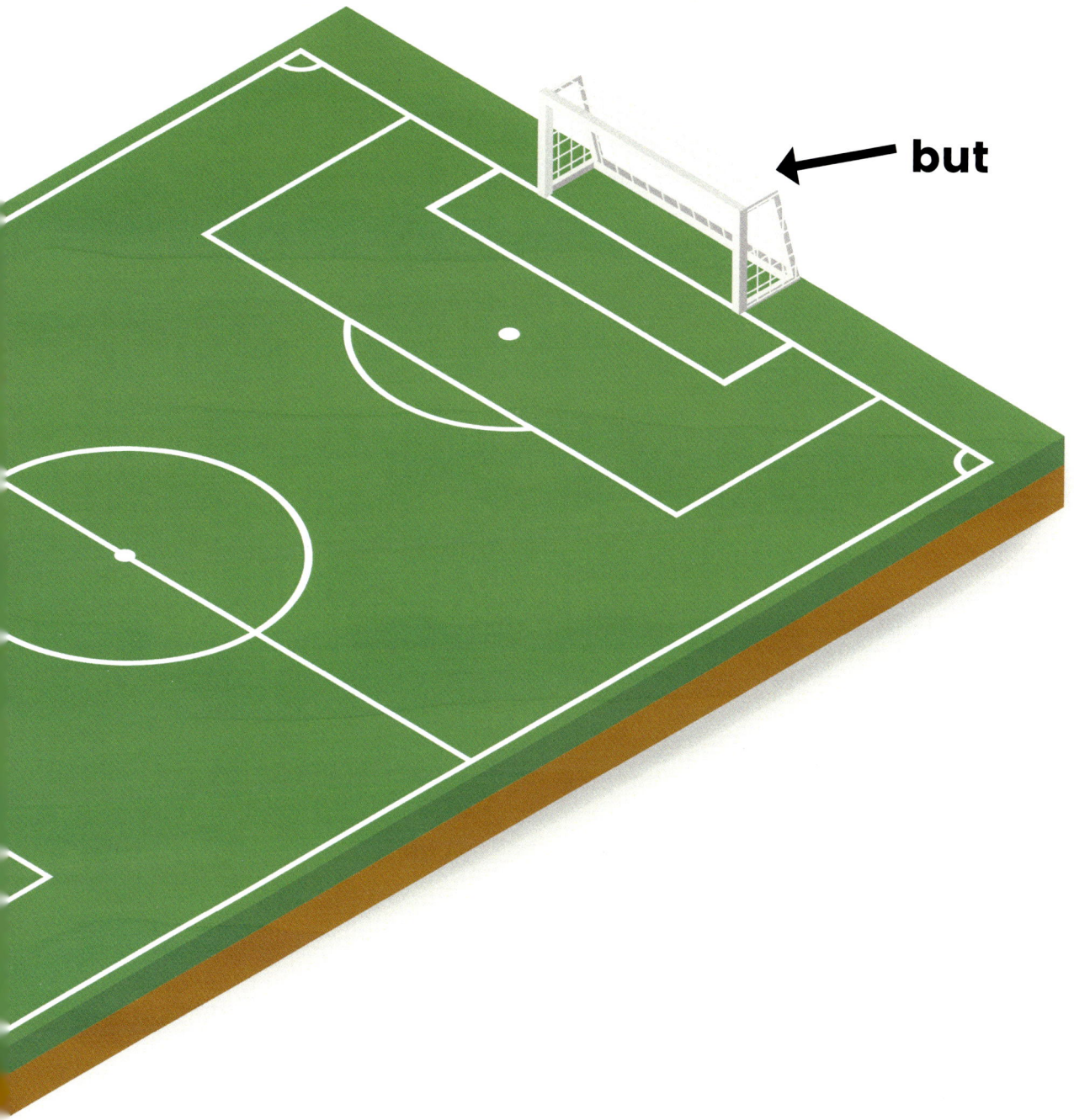

but

Nous faisons des exercices d'échauffement avant chaque partie.

L'arbitre s'assure
que nous suivions
les règlements.

Nous donnons des coups de pied, faisons des **dribbles** et passons le ballon.

Chaque équipe essaie de faire entrer le ballon dans le filet de l'autre équipe.

gardien de but

Le **gardien de but**, comme son nom l'indique, garde le **but** et essaie d'arrêter le ballon d'entrer dans le but.

L'équipe qui compte le plus de points gagne la partie.

Glossaire

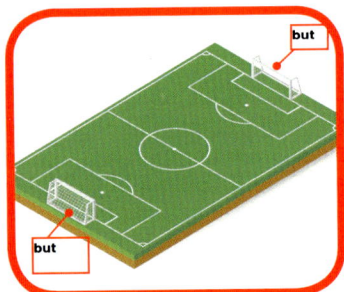

but (bu) : Un but est compté quand un joueur met le ballon dans le filet de l'autre équipe. Le filet de soccer avec son armature est aussi appelé un but.

crampons (cran-pon) : Les crampons sont des chaussures de sport qui ont des pointes ou des bosses sur leur semelle.

dribbles (dri-ble) : Quand tu dribbles un ballon de soccer, tu le contrôles et le bouges par petits coups de pied ou petites poussées avec le pied.

gardien de but (gar-diyn de bu) : La tâche du gardien de but est d'empêcher le ballon d'entrer dans le filet.

protège-tibias (pro-tèj ti-bia) : Les protège-tibias sont des moulages de matière coussinée portés sous les bas pour protéger les tibias des joueurs.

soccer (sok-ker) : Le soccer est un sport qui se joue avec deux équipes. Chaque équipe essaie de compter un but dans le filet de l'autre équipe.

Index

Soutien de l'école à la maison pour les gardien(ne)s et les enseignant(e)s.

Ce livre aide les enfants à se développer grâce à la pratique de la lecture. Voici quelques exemples de questions pour aider le(a) lecteur(-trice) à développer ses capacités de compréhension. Des suggestions de réponses sont indiquées.

Avant la lecture

- **Quel est le sujet de ce livre?** Je pense que ce livre parle de jouer au soccer. Il pourrait nous enseigner les règles du jeu.

- **Qu'est-ce que je veux savoir sur ce sujet?** Je veux en savoir plus sur l'équipement que les joueurs de soccer doivent porter.

Durant la lecture

- **Je me demande pourquoi…** Je me demande pourquoi l'arbitre tient un carton jaune à la page 13.

- **Qu'est-ce que j'ai appris jusqu'à présent?** J'ai appris que les joueurs de soccer ont des protège-tibias pour protéger leurs jambes et des crampons pour un meilleur ancrage au sol. Ils portent également un uniforme.

Après la lecture

- **Nomme quelques détails que tu as retenus.** J'ai appris que les joueurs de soccer suivent les règlements. Ils écoutent l'arbitre.

- **Écris les mots peu familiers et pose des questions pour mieux comprendre leur signification.** Je vois le mot *dribbles* à la page 15 et le mot *gardien de but* à la page 19. Les autres mots de vocabulaire se trouvent aux pages 22 et 23.

Crabtree Publishing Company

www.crabtreebooks.com   1–800–387–7650

Version imprimée du livre produite conjointement avec Blue Door Education en 2021.

Contenu produit et publié par Blue Door Publishing LLC dba Blue Door Education, Melbourne Beach Floride É.-U. Copyright Blue Door Publishing LLC. Tous droits réservés. Aucune partie de ce livre ne peut être reproduite ou utilisée sous quelque forme ou par quelque moyen que ce soit, électronique ou mécanique y compris la photocopie, l'enregistrement ou par tout système de stockage et de recherche d'informations sans l'autorisation écrite de l'éditeur

Crédits photos : Couverture © Fotokostic; p. 2-3 © Tumarkin Igor - ITPS; p. 4 © MaZiKab, p. 4-5 © Bull's-Eye Arts; p. 6-7 © Pedro Monteiro; p. 8-9 © GarikProst; p. 10-11 g Fotokostic; p. 12-13 © bikeriderlondon; p. 14-15 © Nirat.pix; p. 16-17 © Vladimir57; p. 18-19 © leon58; p. 21 © Monkey Business Images; p. 22 photo du milieu © Vladimir57. All photos from Shutterstock.com

Imprimé au Canada/042021/CPC

Auteur : Taylor Farley
Coordinatrice à la production et technicienne au prepress : Samara Parent
Coordinatrice à l'impression : Katherine Berti
Traduction : Claire Savard

Publié au Canada par Crabtree Publishing
616 Welland Ave.
St. Catharines, ON
L2M 5V6

Publié aux États-Unis par Crabtree Publishing
347 Fifth Ave
Suite 1402-145
New York, NY 10016

Catalogage avant publication de Bibliothèque et Archives Canada

Titre: Les jeunes étoiles du soccer / Taylor Farley.
Autres titres: Little stars soccer. Français. | Du soccer
Noms: Farley, Taylor, auteur.
Description: Mention de collection: Les jeunes étoiles | Collection Crabtree "Les jeunes plantes" | Traduction de : Little stars soccer. | Traduction : Claire Savard. | Comprend un index.
Identifiants: Canadiana (livre imprimé) 20210161752 | Canadiana (livre numérique) 20210161787 | ISBN 9781427136763 (couverture souple) | ISBN 9781427137449 (HTML) | ISBN 9781427150165 (EPUB)
Vedettes-matière: RVM: Soccer—Ouvrages pour la jeunesse.
Classification: LCC GV943.25 .F3714 2021 | CDD j796.334—dc23